Liebe Leserin, lieber Leser,

Babys und Kleinkinder brauchen besonders viel Wärme. Was liegt da näher, als die winzigen Füßchen mit selbst gehäkelten Schühchen wohlig warm einzuhüllen?

Die Zeit der Vorfreude können werdende Mamis und Omis besonders schön mit dem Häkeln solch niedlicher Fußwärmer verbringen. In diesem Buch stellen wir Ihnen eine Reihe zauberhafter Schühchen, Sandalen und Stiefelchen vor. Da gibt es etwas für Tierfreunde, für kleine Abenteurer, aber auch an Turner und Autosportler ist gedacht. Es gibt außerdem viele Möglichkeiten, die schönen Schühchen mit tollen Knöpfen, Perlen und Bändern auszuschmücken, wie die feinen, weißen Schühchen für Prinzessinnen oder die rasanten Stiefelchen.

Alle Modelle sind mit viel Liebe gestaltet und eignen sich auch als Geschenk beim ersten Besuch. Eines jedenfalls ist sicher: In den selbst gehäkelten Schuhen fühlen sich Babyfüße garantiert wohl!

Viel Spaß beim Häkeln wünschen

Himmelblau mit Pilzen

Schuh mit Riegel • Fußlänge: 9,5 cm; für 4–6 Monate

Material:
- Baumwollgarn (Lauflänge ca. 125 m/50 g): 50 g Türkis, wenig Hellblau
- 4 Pilz-Knöpfe, Ø 20 mm
- Häkelnadel Nr. 3,5

Grundmuster: Halbe Stäbchen in Runden häkeln, dabei jede Runde mit 2 Ersatzluftmaschen für das 1. halbe Stäbchen beginnen und mit 1 Kettmasche in die 2. Ersatzluftmasche enden.

Maschenprobe im Grundmuster: 24 Maschen und 15 Reihen = 10 x 10 cm

Für die Sohle in Türkis 10 Luftmaschen und 2 Ersatzluftmaschen anschlagen und nach Häkelschrift 1 (Seite 12, Schuh mit Perlen) in Runden weiterarbeiten = 54 halbe Stäbchen in der 4. Runde. **5. Runde:** In jede Masche der Vorrunde 1 feste Masche häkeln. **6. Runde:** In jede Masche der Vorrunde 1 feste Masche häkeln, dabei nur in das hintere Maschenglied einstechen. **7. und 8. Runde:** In jede Masche der Vorrunde 1 halbes Stäbchen häkeln. **9. Runde:** Halbe Stäbchen, dabei in der vorderen Mitte 10-mal 2 halbe Stäbchen zusammen abmaschen. **10. Runde:** Halbe Stäbchen, dabei in der vorderen Mitte 6-mal 2 halbe Stäbchen zusammen abmaschen. **11. Runde:** 38 halbe Stäbchen.

Riegel: Nach Häkelschrift 2 in Türkis beim Pfeil beginnen. Dazu 18 Luftmaschen häkeln, erst in die 7. Luftmasche (Knopfloch) bis zum Ende der Luftmaschenreihe halbe Stäbchen arbeiten, dann wieder 6 Luftmaschen (Knopfloch) häkeln. Mit 1 zusätzlichen Luftmasche die 2. Runde beginnen und feste Maschen häkeln, enden mit 1 Kettmasche in die 1. feste Masche. Nun die 3. Runde feste Maschen in Hellblau arbeiten und mit 1 Kettmasche in die 1. feste Masche schließen.

Fertigstellung: Knöpfe gemäß Foto annähen und den Riegel anknöpfen.
Den 2. Schuh genauso arbeiten.

Häkelschrift 1 siehe Seite 12

Häkelschrift 2

Zeichenerklärung

· = 1 Luftmasche
⌒ = 1 Kettmasche
I = 1 feste Masche
T = 1 halbes Stäbchen

Laufen die Zeichen unten zusammen, werden die Maschen in 1 Einstichstelle gearbeitet.

Schwein gehabt!

Schweinchen-Schuhe • Fußlänge 8,5 cm; für 2–4 Monate

Material:
- Schurwollmischgarn (Lauflänge 210 m/50 g): je 50 g Rosa und Pink, wenig Weiß und Schwarz
- Häkelnadel Nr. 2,5, Sticknadel
- 2 Herzknöpfe in Weiß, Ø 13 mm
- Gummifaden in Pink, Ø 1 mm, 50 cm lang

Grundmuster: Siehe Seite 6.
Maschenprobe im Grundmuster: 30 Maschen und 34 Reihen = 10 x 10 cm

11 Luftmaschen in Pink anschlagen und beginnend mit der 2. Luftmasche von der Nadel aus 9 feste Maschen häkeln, in die letzte Luftmasche 2 feste Maschen arbeiten. Auf der anderen Seite der Luftmaschenkette 9 feste Maschen zurückhäkeln, in die letzte Luftmasche wieder 2 feste Maschen arbeiten = 22 feste Maschen. Nun 9 Runden feste Maschen häkeln, dabei in jeder Runde an den Enden je 1 feste Masche zunehmen = 40 feste Maschen. Ab der 9. Runde in Rosa weiterhäkeln. 8 weitere Runden ohne Zunahme häkeln. Für den Ausschnitt die mittleren 10 Maschen am Oberfuß stehen lassen und über die übrigen 30 Maschen weiter in Reihen hin- und zurückhäkeln. Für die Ferse nach 12 Reihen über die mittleren 10 Maschen 11 Reihen häkeln. Die Ferse an beiden Seiten annähen. Den Ausschnitt mit 3 Runden in Rosa umhäkeln: Je 10 feste Maschen über Ferse und Spitze, je 12 Maschen über die Seitenteile arbeiten. Die 4. Runde in Pink arbeiten und im Wechsel 1 feste Masche und 1 Luftmasche häkeln, dabei mit der Luftmasche jeweils 1 feste Masche der Vorrunde übergehen. Mit 1 Luftmasche und 1 Kettmasche die Runde beenden. Weitere 6 Runden im Streifenmuster arbeiten: 1 Runde Weiß, 1 Runde in Pink im Wechsel.

Ohr (2-mal): 3 Luftmaschen in Pink anschlagen und 2 feste Maschen häkeln. In den folgenden 3 Reihen je 2 feste Maschen in die Randmaschen der Vorreihe häkeln. Über diese 8 Maschen 2 Reihen ohne Zunahme arbeiten. Den Faden abschneiden, mit einer Nadel durch den unteren Rand fädeln und das Ohr zusammenziehen.

Auge (2-mal): 2 Luftmaschen in Schwarz anschlagen. 5 feste Maschen in die 1. Luftmasche häkeln und mit 1 Kettmasche zum Ring schließen.

Nasenloch (2-mal): 4 Luftmaschen in Rosa anschlagen. 1 feste Masche zurück in die 3. Luftmasche, 1 halbes Stäbchen in die 2. Luftmasche und wieder 1 feste Masche in die 1. Luftmasche häkeln.

Ringelschwänzchen: Doppelfädig in Pink eine Luftmaschenkette à 15 Maschen häkeln.

Fertigstellung: Ohren und Nasenlöcher annähen. Die Augen anbringen und mit Weiß im Knötchenstich Lichtpunkte aufsticken. Schwänzchen annähen. Durch den Rand je einen Gummifaden (25 cm) fädeln, einen Herzknopf mit aufziehen. Fadenenden verknoten. Den 2. Schuh ebenso arbeiten.

Für den kleinen Sonnenschein

Schuhe mit Blumen • Fußlänge 11,5 cm; für 8–10 Monate

Material:
- Schurwollmischgarn (Lauflänge 125 m/50 g): 50 g Gelb, 50 g Bunt, wenig Orange
- Häkelnadel Nr. 3
- 2 Herzknöpfe in Pink, Ø 11 mm
- Gummifaden in Gelb, Ø 1 mm, 50 cm lang

Grundmuster: Feste Maschen häkeln. Jede Runde mit 1 zusätzlichen Luftmasche beginnen und mit 1 Kettmasche in die 1. feste Masche enden. Jede Reihe mit 1 Ersatzluftmasche beginnen.

Maschenprobe im Grundmuster: 26 Maschen und 24 Reihen = 10 x 10 cm

11 Luftmaschen mit buntem Garn anschlagen und beginnend mit der 2. Luftmasche von der Nadel aus 9 feste Maschen häkeln, in die letzte Luftmasche 2 feste Maschen arbeiten. Auf der anderen Seite der Luftmaschenkette 9 feste Maschen zurückhäkeln, in die letzte Luftmasche wieder 2 feste Maschen arbeiten = 22 feste Maschen. 7 Runden häkeln, dabei an den Enden in jeder Runde je 1 feste Masche zunehmen = 34 feste Maschen. Weitere 8 Runden in Gelb ohne Zunahmen häkeln.

Für den Ausschnitt am Oberfuß in der Mitte 8 feste Maschen stehen lassen und über die übrigen 26 Maschen 12 Reihen arbeiten. Für die Ferse mit buntem Garn über die mittleren 8 Maschen 9 Reihen häkeln und die Ferse an beiden Seiten annähen.

Den Ausschnitt in Runden mit buntem Garn umhäkeln, dabei über der Ferse und dem vorderen Ausschnitt je 8 feste Maschen und über die Seitenteile je 12 feste Maschen häkeln. In der 5. Runde im Wechsel 1 feste Masche und 1 Luftmasche arbeiten, dabei mit der Luftmasche 1 feste Masche der Vorrunde übergehen. Die Runde mit 1 Luftmasche und 1 Kettmasche beenden. Noch 1 weitere Runde feste Maschen häkeln. Dann in Gelb die Bogenkante arbeiten: Im Wechsel 1 Muschel (= 4 Stäbchen in 1 feste Masche) und 1 Kettmasche häkeln. Dabei stets 1 Masche der Vorrunde übergehen. Mit 1 Kettmasche in das 1. Stäbchen der Anfangsmuschel enden.

Blume: 5 Luftmaschen in Orange anschlagen und mit 1 Kettmasche zum Ring schließen. 10 feste Maschen in den Ring häkeln und mit 1 Kettmasche in die 1. feste Masche die Runde schließen. Für die Blütenblätter * 3 Luftmaschen häkeln, 1 halbes Stäbchen zurück in die 2. Luftmasche, 1 Stäbchen in die 1. Luftmasche, 1 Kettmasche in die übernächste feste Masche häkeln; ab * 4-mal wiederholen.

Fertigstellung: Die Blume mit dem Herzknopf auf das Schühchen nähen. Einen Gummifaden (25 cm lang) durch die Öffnungen fädeln und verknoten.

Den 2. Schuh ebenso arbeiten.

Quietschfidele Krokodile

Krokodil-Schuhe • Fußlänge 11,5 cm; für 8–10 Monate

Material:
- Merinoschurwollgarn (Lauflänge 160 m/50 g): 50 g Grün
- Fransengarn (Lauflänge 90 m/50 g): 50 g Dunkeloliv
- Schurwollmischgarn (Lauflänge 210 m/50 g): wenig Weiß und Schwarz
- Häkelnadeln Nr. 2,5 und Nr. 3, Sticknadel
- 2 Kordelstopper in Rot, Elastikkordel in Dunkelgrün, Ø 3 mm, 70 cm lang

Grundmuster: Siehe Seite 6.
Maschenprobe im Grundmuster: 28 Maschen und 30 Reihen = 10 x 10 cm

11 Luftmaschen in Grün mit Nadel Nr. 3 anschlagen und beginnend mit der 2. Luftmasche von der Nadel aus 9 feste Maschen häkeln, in die letzte Luftmasche 2 feste Maschen arbeiten. Auf der anderen Seite der Luftmaschenkette 9 feste Maschen zurückhäkeln, in die letzte Luftmasche wieder 2 feste Maschen arbeiten = 22 feste Maschen. Nun 9 Runden feste Maschen häkeln, dabei in jeder Runde an den Enden je 1 feste Masche zunehmen = 40 feste Maschen. Weitere 10 Runden ohne Zunahmen arbeiten. Für den Ausschnitt die mittleren 10 Maschen am Oberfuß stehen lassen und über die übrigen 30 Maschen weiter in Reihen hin- und zurückhäkeln. Nach 14 Reihen für die Ferse über die mittleren 10 Maschen 11 Reihen häkeln. Die Ferse an beiden Seiten annähen. Den Ausschnitt in Runden umhäkeln, dabei je 2 Runden in Grün und 1 Runde mit Fransengarn im Wechsel arbeiten: Je 10 feste Maschen über Ferse und Spitze, je 14 Maschen über die Seitenteile häkeln. In der 4. Runde abwechselnd 2 feste Maschen und 2 Luftmaschen häkeln, dabei mit den Luftmaschen jeweils 2 feste Maschen der Vorrunde übergehen. Mit 2 Luftmaschen und 1 Kettmasche die Runde beenden. Weitere 6 Runden häkeln. Die beiden letzten Runden mit Fransengarn arbeiten.

Auge (2-mal): 6 Luftmaschen mit Nadel Nr. 2,5 in Schwarz anschlagen und mit 1 Kettmasche zum Ring schließen. 10 feste Maschen in den Ring häkeln. In der 2. Runde feste Maschen in Weiß arbeiten, dabei jede 2. feste Masche verdoppeln.

Zahnreihe: * 3 Luftmaschen in Weiß mit Nadel Nr. 2,5 anschlagen. 1 Kettmasche zurück in die 2. Luftmasche häkeln. In die 1. Luftmasche 1 feste Masche arbeiten. Ab * noch 22-mal wiederholen.

Nasenloch (2-mal): 4 Luftmaschen in Schwarz mit Nadel Nr. 2,5 anschlagen. 1 feste Masche zurück in die 3. Luftmasche, 1 halbes Stäbchen in die 2. Luftmasche und wieder 1 feste Masche in die 1. Luftmasche häkeln.

Fertigstellung: Augen, Nasenlöcher und Zahnreihe aufnähen. 35 cm Elastikkordel durch den Rand fädeln. Die Enden so verknoten, dass eine Schlinge von 4 cm übersteht. Die Schlinge durch einen Kordelstopper ziehen. Das 2. Schühchen ebenso arbeiten.

Für kleine Sportler

Turnschuhe • Fußlänge: 9,5 cm; für 4–6 Monate

Material:
- Mikrofasergarn (Lauflänge ca. 170 m/50 g): je 50 g Rot und Weiß
- Satinkordel in Weiß, 2 mm breit, 50 cm
- Häkelnadel Nr. 3,5

Grundmuster: In Runden: Halbe Stäbchen häkeln, dabei jede Runde mit 2 Ersatzluftmaschen für das 1. halbe Stäbchen beginnen und mit 1 Kettmasche in die 2. Ersatzluftmasche enden. **In Reihen:** Halbe Stäbchen häkeln, dabei jede Reihe mit 2 Ersatzluftmaschen für das 1. halbe Stäbchen beginnen. **Muster für den Fußrücken:** Feste Maschen in hin- und hergehenden Reihen häkeln, dabei nach jeder Reihe mit 1 Kettmasche an den halben Stäbchen der letzten Runde (= Sohlenrunde) befestigen. **Muster für die Lasche:** Feste Maschen in hin- und hergehenden Reihen häkeln, dabei jede Reihe mit 1 zusätzlichen Luftmasche beginnen. **Maschenprobe im Grundmuster:** 24 Maschen und 18 Reihen = 10 x 10 cm

Für die Sohle in Weiß 12 Luftmaschen und 2 Ersatzluftmaschen anschlagen und nach der Häkelschrift 1 (Umschlagseite hinten) in Runden weiterarbeiten = 58 halbe Stäbchen in der 4. Runde. **5. Runde:** In jede Masche der Vorrunde 1 feste Masche häkeln. **6. Runde:** In jede Masche der Vorrunde 1 feste Masche häkeln, dabei nur in das hintere Maschenglied einstechen. **7.–12. Runde:** In jede Masche der Vorrunde 1 feste Masche häkeln, dabei die 10. Runde in Rot häkeln. Jede Runde mit 1 zusätzlichen Luftmasche beginnen und mit 1 Kettmasche in die 1. feste Masche schließen. Für den Fußrücken in die mittleren 4 festen Maschen der 12. Runde je 1 feste Masche häkeln und im Muster für den Fußrücken weiterarbeiten, dabei in der 2.–4. Reihe beidseitig je 1 feste Masche zunehmen = 10 feste Maschen. Dabei die Kettmaschen in jede 2. folgende feste Masche der 12. Runde arbeiten, nach 9 Reihen weitere 5 Reihen in Rot häkeln. Weiter in Rot 11 Reihen im Muster für die Lasche arbeiten.

Für den Schaft in die unbehäkelten Maschen der 12. Runde 30 halbe Stäbchen häkeln und im Grundmuster in hin- und hergehenden Reihen weiterarbeiten, dabei in der 2., 4. und 6. Reihe jeweils beidseitig die 2. Masche durch 1 Luftmasche ersetzen und in der folgenden Reihe in diese 1 halbes Stäbchen häkeln. Nach der 7. Reihe enden. Schaft und Lasche mit festen Maschen umhäkeln.

Fertigstellung: 25 cm Satinkordel einfädeln und zur Schleife binden.
Den 2. Schuh genauso arbeiten.

Chic mit rosa Perlen

Schuh mit Perlen • Fußlänge: 8,5 cm; für 2–4 Monate

Material:
- Mikrofasergarn (Lauflänge ca. 170 m/50 g): 50 g Weiß
- 22 Perlen in Rosa, Ø 3 mm
- 2 Knöpfe in Rosa, Ø 10 mm
- 1 Häkelnadel Nr. 3,5

Grundmuster: Halbe Stäbchen in Runden häkeln, dabei jede Runde mit 2 Ersatzluftmaschen für das 1. halbe Stäbchen beginnen und mit 1 Kettmasche in die 2. Ersatzluftmasche enden.

Perlen einhäkeln: Diese Runde als Rückrunde arbeiten, damit sich die Perlen nicht nach innen schieben! Jeweils 11 Perlen auffädeln und im Grundmuster häkeln, dabei jeweils vor und nach 2 zusammen abgemaschten halben Stäbchen 1 Perle an die Arbeit schieben.

Maschenprobe im Grundmuster: 24 Maschen und 18 Reihen = 10 x 10 cm

Für die Sohle 10 Luftmaschen und 2 Ersatzluftmaschen anschlagen und nach der Häkelschrift in Runden weiterarbeiten = 54 halbe Stäbchen in der 4. Runde. **5. Runde:** In jede Masche der Vorrunde 1 feste Masche häkeln. **6. Runde:** In jede Masche der Vorrunde 1 feste Masche häkeln, dabei nur in das hintere Maschenglied der Vorrunde einstechen. **7. und 8. Runde:** In jede Masche der Vorrunde 1 halbes Stäbchen häkeln. **9. Runde (Rückrunde):** Halbe Stäbchen, dabei in der vorderen Mitte 10-mal 2 halbe Stäbchen zusammen abmaschen und jeweils vor und nach den zusammen abgemaschten halben Stäbchen eine Perle einarbeiten. **10. Runde:** Halbe Stäbchen, dabei in der vorderen Mitte 6-mal 2 halbe Stäbchen zusammen abmaschen. **11. Runde:** 38 halbe Stäbchen.

Riemchen: 10 Luftmaschen und 4 Wendeluftmaschen für das Knopfloch anschlagen. Wenden, in die 5. Luftmasche halbe Stäbchen bis zum Ende der Luftmaschenreihe häkeln.

Fertigstellung: Riemchen und Knopf gemäß Foto annähen und das Riemchen schließen. Den 2. Schuh gegengleich arbeiten.

Häkelschrift

Zeichenerklärung

- • = 1 Luftmasche
- ⌒ = 1 Kettmasche
- T = 1 halbes Stäbchen

  Laufen die Zeichen unten zusammen, werden die Maschen in 1 Einstichstelle gearbeitet.

Warm und mollig

Stiefelchen • Fußlänge: 10 cm; für 4–6 Monate

Material:
- Baumwollmischgarn (Lauflänge ca. 70 m/50 g): 50 g Türkis meliert
- Fransengarn (50 % Polyamid, 25 % Baumwolle, 25 % Polyacryl, Lauflänge ca. 75 m/50 g): wenig Weiß
- 4 Smiley-Knöpfe in Weiß, Ø 18 mm
- Häkelnadel Nr. 6

Grundmuster: Feste Maschen in Runden häkeln, dabei jede Runde mit 1 zusätzlichen Luftmasche beginnen und mit 1 Kettmasche in die 1. feste Masche enden.
Muster für den Schaft: Halbe Stäbchen in Reihen häkeln, dabei jede Reihe mit 2 Ersatzluftmaschen für das 1. halbe Stäbchen beginnen.
Maschenprobe im Grundmuster: 12 Maschen und 15 Reihen = 10 x 10 cm

Für die Sohle in Türkis meliert 8 Luftmaschen und 1 zusätzliche Luftmasche anschlagen und nach der Häkelschrift in Runden weiterarbeiten = 38 feste Maschen in der 3. Runde.
4. Runde: In jede Masche der Vorrunde 1 feste Masche häkeln, dabei nur in das hintere Maschenglied der Vorrunde einstechen. 5. und 6. Runde: In jede Masche der Vorrunde 1 feste Masche häkeln. 7. Runde: feste Maschen, dabei in der vorderen Mitte 8-mal 2 feste Maschen zusammen abmaschen. 8. Runde: Feste Maschen, dabei in der vorderen Mitte 6-mal 2 feste Maschen zusammen abmaschen.
9. Runde: 24 feste Maschen häkeln.
Für den Schaft in Türkis meliert 14 Luftmaschen und 2 Wendeluftmaschen anschlagen und 14 halbe Stäbchen häkeln, in 14 Maschen der hinteren Mitte halbe Stäbchen arbeiten und weitere 4 Reihen im Muster für den Schaft arbeiten, dabei in der 2. und 4. Reihe jeweils die 2. Masche durch 1 Luftmasche ersetzen und in der folgenden Reihe in diese Luftmasche 1 feste Masche häkeln. Nach der 5. Reihe enden. 2 Reihen feste Maschen in Weiß um den Schaft häkeln, dabei an den Ecken je 3 feste Maschen in 1 Einstichstelle arbeiten.
Fertigstellung: Knöpfe gemäß Foto annähen und zuknöpfen.
Den 2. Schuh gegengleich häkeln.

Häkelschrift

Zeichenerklärung

- • = 1 Luftmasche
- ⌒ = 1 Kettmasche
- I = 1 feste Masche

  Laufen die Zeichen unten zusammen, werden die Maschen in 1 Einstichstelle gearbeitet.

Pferdchen, lauf Galopp!

Pony-Schühchen • Fußlänge 12,5 cm; für 10–12 Monate

Material:
- Merinoschurwollgarn (Lauflänge 160 m/50 g): je 50 g Braun und Creme, wenig Türkis, Weiß und Schwarz
- Fransengarn (Lauflänge 90 m/50 g): 50 g Creme
- Häkelnadel Nr. 3, Sticknadel
- Nähgarn in Pink, Nähnadel
- 4 Blumen-Knöpfe in Pink, Ø 1 cm
- Elastikkordel in Beige, Ø 1,5 mm, 50 cm lang

Grundmuster: Siehe Seite 6.
Maschenprobe im Grundmuster: 28 Maschen und 30 Reihen = 10 x 10 cm

11 Luftmaschen in Creme anschlagen und beginnend mit der 2. Luftmasche von der Nadel aus 9 feste Maschen häkeln, in die letzte Luftmasche 2 feste Maschen arbeiten. Auf der anderen Seite der Luftmaschenkette 9 feste Maschen zurückhäkeln, in die letzte Luftmasche wieder 2 feste Maschen arbeiten = 22 feste Maschen. Weiter in Runden häkeln und an den Enden in jeder Runde je 1 feste Masche zunehmen. Nach insgesamt 10 Runden (= 40 feste Maschen) 12 Runden in Braun ohne Zunahmen arbeiten.

Für den Ausschnitt die mittleren 10 Maschen am Oberfuß stehen lassen und über die restlichen 30 Maschen in Reihen hin- und zurückhäkeln. Für die Ferse nach 15 Reihen über die mittleren 10 Maschen 11 Reihen häkeln. Die Ferse an beiden Seiten annähen. Um den Ausschnitt 6 Runden feste Maschen mit Fransengarn häkeln: Je 8 Maschen über Ferse und Spitze, je 10 feste Maschen über die Seitenteile verteilen. In der 5. Runde im Wechsel 1 feste Masche und 1 Luftmasche häkeln, dabei mit der Luftmasche jeweils 1 feste Masche der Vorrunde übergehen. Mit 1 Luftmasche und 1 Kettmasche die Runde beenden.

Ohr (2-mal): 3 Luftmaschen in Braun anschlagen und 2 feste Maschen häkeln. In der 2. und 3. Reihe je 2 feste Maschen in die Randmaschen häkeln. Über diese 6 Maschen weitere 5 Reihen arbeiten. Den Faden abschneiden, die Kante zur Hälfte falten und befestigen.

Nüster (2-mal): 4 Luftmaschen in Creme anschlagen. 1 feste Masche zurück in die 3. Luftmasche, 1 halbes Stäbchen in die 2. Luftmasche und nochmals 1 feste Masche in die 1. Luftmasche häkeln.

Auge (2-mal): 4 Luftmaschen in Weiß anschlagen. 1 feste Masche zurück in die 3. Luftmasche, 1 halbes Stäbchen in die 2. Luftmasche und 1 Stäbchen in die 1. Luftmasche häkeln. Im Plattstich die schwarze Pupille aufsticken (Umschlagseite hinten).

Halfter: 51 Luftmaschen in Türkis anschlagen und 1 Reihe Kettmaschen häkeln.

Fertigstellung: Ohren, Augen, Nüstern und Halfter gemäß Foto annähen. Die Knöpfe anbringen. Zuletzt eine Elastikkordel (25 cm lang) durch die Lochrunde ziehen und verknoten. Das 2. Schühchen ebenso arbeiten.

Sommerlich luftig

Sandalen • Fußlänge: 9,5 cm; für 4–6 Monate

Material:
- Merinowollgarn (Lauflänge ca. 150 m/50 g): je 50 g Pink und Violett, wenig Gelb
- Häkelnadel Nr. 3,5
- 2 Blüten-Knöpfe in Lila, Ø 2 cm

Grundmuster: In Runden: Halbe Stäbchen häkeln, dabei jede Runde mit 2 Ersatzluftmaschen für das 1. halbe Stäbchen beginnen und mit 1 Kettmasche in die 2. Ersatzluftmasche enden. **In Reihen:** Halbe Stäbchen häkeln, dabei jede Reihe mit 2 Ersatzluftmaschen für das 1. halbe Stäbchen beginnen.
Maschenprobe im Grundmuster: 22 Maschen und 16 Reihen = 10 x 10 cm

Für die Sohle (1-mal in Pink und 1-mal in Violett) 10 Luftmaschen und 2 Ersatzluftmaschen anschlagen und nach Häkelschrift 1 in Runden weiterarbeiten = 54 halbe Stäbchen in der 4. Runde. **5. Runde:** Beide Teile links auf links legen und in Pink mit festen Maschen zusammenhäkeln.
In 28 Maschen der hinteren Mitte in Pink je 1 halbes Stäbchen häkeln, weitere 4 Reihen im Grundmuster arbeiten, dabei jeweils die ersten und letzten beiden Maschen zusammen abmaschen = 20 halbe Stäbchen.
Unteres Riemchen: In Pink 5 Luftmaschen anschlagen und 11 Reihen im Grundmuster häkeln.
Oberes Riemchen: Ebenso arbeiten, jedoch nur 10 Reihen häkeln.
Blüte: In einen Fadenring in Gelb 2 Runden nach Häkelschrift 2 arbeiten.
Fertigstellung: Den Knopf auf die Blüte legen und mittig auf das untere Riemchen nähen. Die Riemchen laut Foto annähen.
Den 2. Schuh genauso häkeln.

Häkelschrift 1

Häkelschrift 2

Zeichenerklärung

• = 1 Luftmasche

⌒ = 1 Kettmasche

T = 1 halbes Stäbchen

† = 1 Stäbchen

Laufen die Zeichen unten zusammen, werden die Maschen in 1 Einstichstelle gearbeitet.

Raffinierter Umschlag

Melierte Schühchen • Fußlänge: 9,5 cm; für 4–6 Monate

Material:
- Schurwollgarn (100 % Schurwolle, Lauflänge ca. 85 m/25 g): 50 g Pastellfarben meliert
- Häkelnadel Nr. 3,5

Grundmuster: Halbe Stäbchen in Runden häkeln, dabei jede Runde mit 2 Ersatzluftmaschen für das 1. halbe Stäbchen beginnen und mit 1 Kettmasche in die 2. Ersatzluftmasche enden.

Muster für den Fußrücken: Feste Maschen in hin- und hergehenden Reihen häkeln, dabei nach jeder Reihe mit 1 Kettmasche an den halben Stäbchen der letzten Runde (= Sohlenrunde) befestigen.

Rippenmuster: Reliefstäbchen in Runden nach Häkelschrift 2 (Umschlagseite hinten) häkeln, dabei den Mustersatz stets wiederholen. Jede Runde mit 2 zusätzlichen Luftmaschen beginnen und mit 1 Kettmasche in das 1. Reliefstäbchen enden. Die 3. und 4. Runde stets wiederholen.

Maschenprobe im Grundmuster: 25 Maschen und 18 Reihen = 10 x 10 cm

Für die Sohle 12 Luftmaschen und 2 Ersatzluftmaschen anschlagen und nach Häkelschrift 1 (Umschlagseite hinten) in Runden weiterarbeiten = 58 halbe Stäbchen in der 4. Runde. **5. Runde:** In jede Masche der Vorrunde 1 feste Masche häkeln. **6. Runde:** In jede Masche der Vorrunde 1 feste Masche häkeln, dabei nur in das hintere Maschenglied einstechen. **7.–9. Runde:** In jede Masche der Vorrunde 1 halbes Stäbchen häkeln.

Für den Fußrücken in die 10 mittleren halben Stäbchen der 9. Runde je 1 feste Masche häkeln und im Muster für den Fußrücken weiterarbeiten, dabei die Kettmaschen in jedes folgende halbe Stäbchen der 9. Runde arbeiten, nach 17 Reihen enden.

Nun den Schaft nach Häkelschrift 2 arbeiten, dazu in die unbehäkelten Maschen der 9. Runde und die Maschen des Fußrückens 42 Stäbchen häkeln. Danach im Rippenmuster mit Reliefstäbchen fortfahren, nach 13 Runden enden.

Fertigstellung: Als Abschluss 1 Runde Krebsmaschen (= feste Maschen von links nach rechts) häkeln und den Schaft umschlagen. Den 2. Schuh genauso häkeln.

Zuckersüße Erdbeeren

Erdbeer-Schühchen • Fußlänge 9,5 cm; für 4–6 Monate

Material:
- Schurwollmischgarn (Lauflänge 210 m/50 g): 50 g Rot, wenig Hellgrün
- Häkelnadel Nr. 2,5
- Sticknadel

Grundmuster: Feste Maschen häkeln. Jede Runde mit 1 zusätzlichen Luftmasche beginnen und mit 1 Kettmasche in die 1. feste Masche enden. Jede Reihe mit 1 Ersatzluftmasche beginnen.

Maschenprobe im Grundmuster: 30 Maschen und 34 Reihen = 10 x 10 cm

11 Luftmaschen in Rot anschlagen und beginnend mit der 2. Luftmasche von der Nadel aus 9 feste Maschen häkeln, in die letzte Luftmasche 2 feste Maschen arbeiten. Auf der anderen Seite der Luftmaschenkette 9 feste Maschen zurückhäkeln, in die letzte Luftmasche wieder 2 feste Maschen arbeiten = 22 feste Maschen. Weiter in Runden häkeln und an den Enden in jeder Runde je 1 feste Masche zunehmen. Nach insgesamt 10 Runden (= 40 feste Maschen) noch 10 Runden ohne Zunahmen arbeiten.

Für den Ausschnitt die mittleren 10 Maschen am Oberfuß stehen lassen und über die übrigen 30 Maschen weiter in Reihen hin- und zurückhäkeln.

Für die Ferse nach 14 Reihen über die mittleren 10 Maschen 11 Reihen häkeln und die Ferse an beiden Seiten annähen.

Den Ausschnitt in Runden umhäkeln: 3 Runden je 10 feste Maschen über Ferse und Spitze, je 14 Maschen über die Seitenteile arbeiten. In der 4. Runde abwechselnd 2 feste Maschen und 2 Luftmaschen häkeln, dabei mit den Luftmaschen jeweils 2 feste Maschen der Vorrunde übergehen. Mit 2 Luftmaschen und 1 Kettmasche die Runde beenden. Anschließend weitere 6 Runden häkeln.

Blattranke: * 7 Luftmaschen in Hellgrün anschlagen, 1 feste Masche in die 2. Luftmasche von der Nadel aus arbeiten. In die 3. und 4. Luftmasche von der Nadel aus jeweils 1 halbes Stäbchen und in die folgenden 3 Luftmaschen jeweils 1 Stäbchen häkeln. Ab * noch 12-mal wiederholen (= 13 Blätter). Anschließend die Blattranke mit festen Maschen am Ausschnitt festhäkeln.

Kordel: Mit doppeltem Faden eine etwa 35 cm lange Luftmaschenkette häkeln und durch die Lochrunde fädeln.

Noppen: Je 4 Luftmaschen in Hellgrün anschlagen. In die 1. Luftmasche 10 Stäbchen häkeln und mit 1 Kettmasche zum Ring schließen. Den Faden mit der Sticknadel durch die Stäbchen fädeln und fest zusammenziehen. Anschließend die Noppen an den Kordelenden annähen.

Das 2. Schühchen ebenso arbeiten.

Piraten voraus!

Piratenschuhe • Fußlänge 11,5 cm; für 8–10 Monate

Material:
- Merinoschurwollgarn (Lauflänge 160 m/50 g): je 50 g Weiß, Grau und Schwarz
- Metallicgarn (Lauflänge 110 m/25 g): wenig Gold
- Häkelnadel Nr. 3, Sticknadel
- Elastikkordel in Schwarz, 50 cm lang

Grundmuster: Siehe Seite 6.
Maschenprobe im Grundmuster: 28 Maschen und 30 Reihen = 10 x 10 cm

11 Luftmaschen in Schwarz anschlagen und beginnend mit der 2. Luftmasche von der Nadel aus 9 feste Maschen häkeln, in die letzte Luftmasche 2 feste Maschen arbeiten. Auf der anderen Seite der Luftmaschenkette 9 feste Maschen zurückhäkeln, in die letzte Luftmasche wieder 2 feste Maschen arbeiten = 22 feste Maschen. Weiter in Runden häkeln und an den Enden in jeder Runde je 1 feste Masche zunehmen. Nach insgesamt 10 Runden (= 40 feste Maschen) noch 10 Runden ohne Zunahmen im Streifenmuster arbeiten: je 1 Runde Grau und 1 Runde Weiß im Wechsel. Für den Ausschnitt die mittleren 10 Maschen am Oberfuß stehen lassen und über die restlichen 30 Maschen in Reihen im Streifenmuster hin- und zurückhäkeln. Für die Ferse nach 14 Reihen über die mittleren 10 Maschen 11 Reihen in Schwarz arbeiten. Die Ferse an beiden Seiten annähen. Den Ausschnitt im Streifenmuster in Runden umhäkeln: 3 Runden je 10 feste Maschen über Ferse und Spitze, je 14 Maschen über die Seitenteile arbeiten. In der 4. Runde abwechselnd 1 feste Masche und 1 Luftmasche häkeln, dabei mit der Luftmasche jeweils 1 feste Masche der Vorrunde übergehen. Die Runde mit 1 Luftmasche und 1 Kettmasche beenden. Weitere 4 Runden im Streifenmuster häkeln. Den Rand mit 1 Runde in Gold und 1 Runde in Schwarz beenden.

Totenkopf: 6 Luftmaschen in Weiß anschlagen und darüber 2 Reihen mit je 5 festen Maschen häkeln. In der 3. Reihe je 2 feste Maschen in die Randmaschen der Vorreihe häkeln = 7 feste Maschen. In der 4., 5. und 6. Reihe ebenfalls 7 feste Maschen arbeiten. In der 7. Reihe 5 feste Maschen häkeln, dabei die 1. und vorletzte Masche der Vorreihe übergehen. Für die gekreuzten Knochen an den vier Ecken des Kopfes jeweils 4 Luftmaschen anhäkeln. Jeweils in die 3. Luftmasche 3 feste Maschen arbeiten. Mit Schwarz Augen und Nase im Plattstich, den Mund im Spannstich aufsticken (Umschlagseite hinten).

Goldemblem: 25 Luftmaschen in Gold anschlagen, mit 1 Kettmasche zur Runde schließen und feste Maschen in die Luftmaschen häkeln, mit 1 Kettmasche enden.

Fertigstellung: Den Totenkopf und das Goldemblem auf das Schühchen nähen. Eine Elastikkordel (25 cm lang) durch die Lochrunde fädeln und verknoten.

Das 2. Schühchen ebenso arbeiten.

Flotte Flitzer

Auto-Schühchen • Fußlänge 9,5 cm; für 4–6 Monate

Material:
- Mikrofasergarn (Lauflänge ca. 170 m/50 g): 50 g Rot, wenig Grau, Schwarz und Weiß
- Häkelnadel Nr. 3,5, Sticknadel

Grundmuster: Halbe Stäbchen in Runden häkeln, dabei jede Runde mit 2 Luftmaschen als Ersatz für das 1. halbe Stäbchen beginnen und mit 1 Kettmasche in die 2. Ersatzluftmasche enden.
Muster für den Fußrücken: Feste Maschen in hin- und hergehenden Reihen häkeln, dabei nach jeder Reihe mit 1 Kettmasche an den halben Stäbchen der letzten Runde (= Sohlenrunde) befestigen.
Muschelmuster: * 1 feste Masche, 1 Masche der Vorrunde übergehen, 3 Stäbchen in die folgende Masche häkeln, 1 Masche der Vorrunde übergehen, ab * stets wiederholen. Die Runde mit 1 zusätzlichen Luftmasche beginnen und mit 1 Kettmasche in die 1. feste Masche schließen.
Maschenprobe im Grundmuster: 24 Maschen und 18 Reihen = 10 x 10 cm

Für die Sohle in Rot 12 Luftmaschen und 2 Ersatzluftmaschen anschlagen und nach Häkelschrift 1 (Umschlagseite hinten) in Runden weiterarbeiten = 58 halbe Stäbchen in der 4. Runde. **5. Runde:** In jede Masche der Vorrunde 1 feste Masche häkeln. **6. Runde:** In jede Masche der Vorrunde 1 feste Masche häkeln, dabei nur in das hintere Maschenglied einstechen. **7.–9. Runde:** In jede Masche der Vorrunde 1 halbes Stäbchen häkeln. Für den Fußrücken in die mittleren 10 halben Stäbchen der 9. Runde je 1 feste Masche häkeln und im Muster für den Fußrücken weiterarbeiten, dabei am Ende jeder Reihe 1 Kettmasche in jedes 2. halbe Stäbchen der 9. Runde arbeiten, nach 12 Reihen enden. Für den Schaft in die unbehäkelten Maschen der 9. Runde und in die Maschen des Fußrückens 2 Runden im Grundmuster häkeln, dabei in der 1. Runde mit 34 Maschen beginnen und in der folgenden Runde gleichmäßig verteilt 2-mal 2 halbe Stäbchen zusammen abmaschen = 32 Maschen. Zum Abschluss 1 Runde im Muschelmuster häkeln.
Scheibe: In Grau nach Häkelschrift 2 (Umschlagseite hinten) zunächst in 4 hin- und hergehenden Reihen arbeiten, dann mit 1 Runde festen Maschen umhäkeln.
Reifen (4-mal): In Schwarz 12 feste Maschen in einen Fadenring häkeln = 1. Runde. Für die 2. Runde jede 2. Masche verdoppeln = 18 feste Maschen. Jede Runde mit 1 zusätzlichen Luftmasche beginnen und mit 1 Kettmasche in die 1. feste Masche schließen.
Scheinwerfer (2-mal): In Weiß 12 feste Maschen in einen Fadenring häkeln. Die Runde mit 1 zusätzlichen Luftmasche beginnen und mit 1 Kettmasche in die 1. feste Masche schließen.
Fertigstellung: Scheibe, Reifen und Scheinwerfer gemäß Foto aufnähen und die Scheibenwischer in Schwarz aufsticken. Den 2. Schuh genauso häkeln.

Grundkurs Häkeln

Luftmaschenanschlag

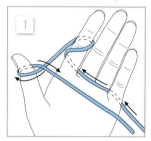
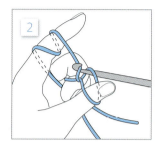
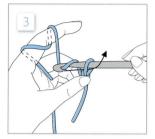

Den Faden wie im Bild gezeigt um die linke Hand legen.

Die Nadel von unten in die Daumenschlinge schieben. Den Faden erfassen und durchziehen. Daumen aus der Schlinge nehmen. Der Anschlagsknoten und eine Schlinge sind fertig.

Den Anschlagsknoten mit Daumen und Mittelfinger halten, den Faden vom Zeigefinger mit der Nadel erfassen und durch die Schlinge ziehen. Die 1. Luftmasche ist fertig. Wiederholen, bis die gewünschte Luftmaschenzahl erreicht ist.

Feste Masche

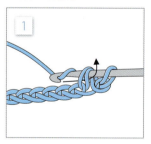
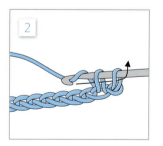
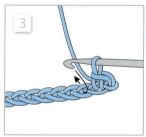

In die vorgesehene Masche einstechen und den Faden von hinten nach vorn um die Nadel legen.

Den Umschlag durchziehen. Den Faden erneut um die Nadel legen und durch beide Schlingen ziehen.

Die 1. feste Masche ist fertig. Die Schritte 1 und 2 so oft wiederholen, bis die Reihe beendet ist.

Grundkurs Häkeln

Feste Masche ins hintere Maschenglied

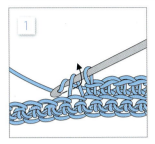
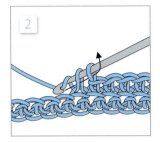

Beim Einstechen in die Masche der Vorreihe darauf achten, dass stets nur das hintere Maschenglied erfasst wird.

Nun wie bei allen festen Maschen den Faden erneut um die Nadel legen und durch beide Schlingen ziehen.

1 feste Masche am Rand zunehmen

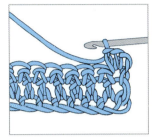

Am Anfang bzw. am Ende der Reihe in die 1. bzw. letzte Masche der Vorreihe 2 feste Maschen häkeln.

2 feste Maschen zusammen abmaschen

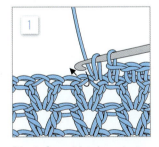
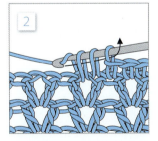

Die 1. feste Masche wie gewohnt beginnen: In die Masche einstechen, den Faden um die Nadel legen und durchholen. Es liegen 2 Schlingen auf der Nadel. Diese jedoch nicht abmaschen, sondern in die nächste Einstichstelle einstechen.

Den Faden um die Nadel legen und durchholen. Es liegen nun 3 Schlingen auf der Nadel. Den Faden wieder um die Nadel legen und durch alle 3 Schlingen ziehen, d. h. beide feste Maschen zusammen abmaschen.

Kettmasche

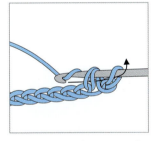

In die vorgesehene Masche einstechen, den Faden um die Nadel legen und diesen Umschlag durch alle Schlingen auf der Nadel ziehen.

Grundkurs Häkeln

Halbes Stäbchen

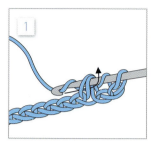
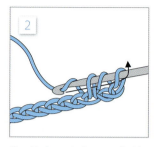
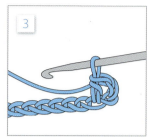

Einen Umschlag um die Nadel legen und in die vorgesehene Masche einstechen. Den Faden um die Nadel legen und diesen Umschlag durch die Masche ziehen.

Den Faden wieder um die Nadel legen und den Umschlag durch alle Schlingen ziehen.

Nun ist das 1. halbe Stäbchen fertig. Die Schritte 1 und 2 so oft wiederholen, bis die Reihe beendet ist.

2 halbe Stäbchen zusammen abmaschen

Stäbchen

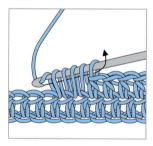
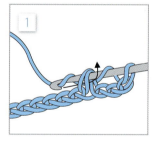
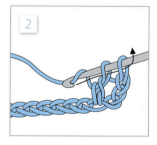

Schritt 1 für ein halbes Stäbchen ausführen und bei der nächsten Masche wiederholen. 1 Umschlag durch alle 5 Schlingen auf der Nadel ziehen.

1 Umschlag um die Nadel legen und in die vorgesehene Masche einstechen. Den Faden nochmals um die Nadel legen und durch die Masche ziehen. Den Faden wieder um die Nadel legen …

… durch 2 der 3 auf der Nadel liegenden Schlingen ziehen. Den Faden wieder um die Nadel legen. Diesen Umschlag durch die restlichen 2 Schlingen ziehen. Das Stäbchen ist fertig. So oft wie benötigt wiederholen.

Grundkurs Häkeln

Luftmaschenring

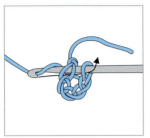

Die jeweils angegebene Anzahl Luftmaschen häkeln. Mit einer Kettmasche in die 1. Luftmasche den Ring schließen.

In Runden häkeln

In eine Luftmasche oder wie hier in einen Fadenring die gewünschte Anzahl an festen Maschen häkeln. Dann die Runde mit einer Kettmasche in die 1. feste Masche schließen.

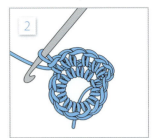

Jede Runde mit der für die Maschenart entsprechende Anzahl an Luftmaschen beginnen. Pro Runde gemäß Anleitung zunehmen.

Fadenring

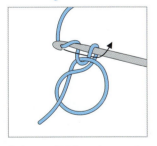

Faden zur Schlinge legen, einstechen, Faden um die Nadel legen und diesen Umschlag durchziehen. Nicht festziehen! Arbeitsfaden um den linken Zeigefinger legen, den Kreuzpunkt des Fadenrings festhalten, 1 Umschlag durch die Schlinge auf der Nadel ziehen.

Krebsmasche

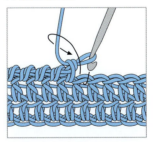

Krebsmaschen laufen „rückwärts", d. h., es werden feste Maschen von links nach rechts gehäkelt.

Farbwechsel

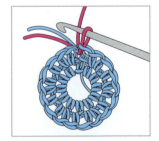

Bereits die letzte Masche der Vorrunde (hier die Kettmasche zum Rundenabschluss) in der neuen Farbe abmaschen. Beim Farbwechsel innerhalb einer Runde/Reihe die letzte Masche der vorhergehenden Farbe mit der neuen Farbe abmaschen.

Impressum

Entwürfe und Realisation: Maria-Regina und Michael Altmeyer (S. 5, 7, 9, 17, 23, 25), Sabine Schidelko (S. 3, 11, 13, 15, 19, 21, 27)
Redaktion: Franziska Schlesinger
Lektorat: Regina Sidabras
Fotografie und Styling: Annette Hempfling, München
Häkelschriften und Schemazeichnungen: Sabine Schidelko
Umschlaggestaltung: Yvonne Rangnitt-Voigt, Bremen
Satz: GrafikwerkFreiburg
Reproduktion: Meyle und Müller GmbH & Co. KG, Pforzheim
Druck und Verarbeitung: Ömür Printing, Istanbul

ISBN 978-3-8410-6153-9
Art.-Nr. OZ6153

5. Auflage 2013

© 2012 Christophorus Verlag GmbH & Co. KG, Freiburg
Alle Rechte vorbehalten

Sämtliche Modelle, Illustrationen und Fotos sind urheberrechtlich geschützt. Jede gewerbliche Nutzung ist untersagt. Dies gilt auch für eine Vervielfältigung bzw. Verbreitung über elektronische Medien.

Autoren und Verlag haben alle Angaben und Anleitungen mit größtmöglicher Sorgfalt zusammengestellt. Dennoch kann bei Fehlern keinerlei Haftung für direkte oder indirekte Folgen übernommen werden.

Die gezeigten Materialien sind zeitlich unverbindlich. Der Verlag übernimmt für Verfügbarkeit und Lieferbarkeit keine Gewähr und Haftung.

Herstellerverzeichnis

- Dill Buttons, www.dill-buttons.com
- Junghans Wollversand, www.junghanswolle.de
- Lang Yarns, www.langyarns.de
- Prym Consumer, www.prym-consumer.com
- Rayher Hobby, www.rayher-hobby.de
- Schöller Süssen, www.schoeller-und-stahl.de
- Schoppel Wolle, www.schoppel-wolle.de
- Union Knopf, www.unionknopf.de

Kreativ-Service

Sie haben Fragen zu den Büchern und Materialien? Frau Erika Noll ist für Sie da und berät Sie rund um alle Kreativthemen. Rufen Sie an! Wir interessieren uns auch für Ihre eigenen Ideen und Anregungen. Sie erreichen Frau Noll per E-Mail: mail@kreativ-service.info oder Tel.: +49 (0) 5052/91 18 58   Montag–Donnerstag: 9–17 Uhr / Freitag: 9–13 Uhr

Besuchen Sie uns im Internet: **www.christophorus-verlag.de**